DÉPARTEMENT DU DOUBS

INSPECTION DE L'ASSISTANCE PUBLIQUE

SERVICES DES ENFANTS ASSISTÉS

ET DE

LA PROTECTION DES ENFANTS DU PREMIER AGE

RAPPORTS

De M. SEREY

INSPECTEUR DÉPARTEMENTAL

ANNÉE 1926

BESANÇON
IMPRIMERIE ET LITHOGRAPHIE MILLOT FRÈRES
20, RUE GAMBETTA, 20

1927

DÉPARTEMENT DU DOUBS

INSPECTION DE L'ASSISTANCE PUBLIQUE

SERVICES DES ENFANTS ASSISTÉS

ET DE

LA PROTECTION DES ENFANTS DU PREMIER AGE

RAPPORTS

De M. SEREY

INSPECTEUR DÉPARTEMENTAL

ANNÉE 1926

BESANÇON

IMPRIMERIE ET LITHOGRAPHIE MILLOT FRÈRES

20, Rue Gambetta, 20

1927

ENFANTS ASSISTÉS

RAPPORT

de l'Inspecteur de l'Assistance publique

à Monsieur le Préfet du Doubs

MONSIEUR LE PRÉFET,

Conformément aux dispositions de l'article 32 de la loi du 27 juin 1904, j'ai l'honneur de vous adresser mon rapport sur le Service des enfants assistés, pour l'année 1926.

Ce rapport est suivi des comptes de l'exercice clos et de mes propositions pour le budget de 1928.

Les tableaux ci-après vous feront tout d'abord connaître le nombre des enfants présents dans le Service, à la date du 31 décembre 1925, les variations de l'effectif des pupilles pendant l'année écoulée, ainsi que les causes de ces variations.

2

Enfants restants au 31 décembre 1925

CATÉGORIES		ENFANTS							
		De la naissance à 13 ans				De 13 ans à 21 ans			
		Garçons		Filles		Garçons		Filles	
		Légitimes	Naturels	Légitimes	Naturelles	Légitimes	Naturels	Légitimes	Naturelles
Trouvés		»	15	»	12	»	»	»	»
Abandonnés		36	71	23	65	29	48	22	54
Orphelins		7	9	11	9	29	12	18	7
Moralement abandonnés	Titre 1er	7	4	7	3	16	»	19	»
	Titre 2	3	1	2	»	11	2	10	1
Enfants en garde	Victimes de délits	1	»	1	»	16	2	4	»
	Auteurs de délits	2	»	1	»	»	1	»	»
Enfants en dépôt		8	1	5	2	4	»	2	»
		64	101	50	91	105	65	75	62
		306				307			
Soit au total		613							

Enfants entrés en 1926

CATÉGORIES	ENFANTS							
	De la naissance à 13 ans				De 13 ans à 21 ans			
	Garçons		Filles		Garçons		Filles	
	Légitimes	Naturels	Légitimes	Naturelles	Légitimes	Naturels	Légitimes	Naturelles
rouvés	»	8	»	3	»	»	»	»
bandonnés	2	16	3	8	»	»	1	»
rphelins	2	»	»	3	1	»	»	»
oralement abandonnés — Titre 1er	4	1	1	1	1	»	1	»
oralement abandonnés — Titre 2e	4	»	3	»	»	»	1	»
nfants en garde — Victimes de délits	2	»	»	»	»	»	»	»
nfants en garde — Auteurs de délits	3	»	1	1	»	»	1	»
Enfants en dépôt	15	5	36	11	»	»	1	»
	32	30	44	27	2	»	5	»
	133				7			
Soit au total	140							

Enfants sortis en 1926

MOTIFS DES SORTIES	ENFANTS							
	De la naissance à 13 ans				De 13 ans à 21 ans			
	Garçons		Filles		Garçons		Filles	
	Légitimes	Naturels	Légitimes	Naturelles	Légitimes	Naturels	Légitimes	Naturelles
Rendus à leur famille	14	7	16	9	3	»	1	1
Emancipés par le mariage . . .	»	»	»	»	»	»	2	1
Décédés	»	17	»	2	»	»	1	»
Sortis par limite d'âge	»	»	»	»	14	17	8	5
	14	24	16	11	17	17	12	7
	65				53			
Soit au total	118							

Récapitulation des tableaux 1, 2 et 3

Restants au 31 décembre 1925..........	613
Entrés au cours de 1926.................	140
Total.................	753
Sortis au cours de 1926.................	118
Total des restants au 31 décembre 1926..	635

Il résulte de ces tableaux que le nombre des pupilles présents dans le Service au 31 décembre 1925 (soit 613) est inférieur de 22 unités au nombre des pupilles restants au 31 décembre 1926, soit 635.

Si l'on ajoute aux 613 restants au 31 décembre 1925 les 140 entrées ayant eu lieu dans le courant de l'année

1926, on constate que le nombre total des pupilles ayant passé dans le Service s'élève à 753.

Sur 140 admissions, 26 ont eu lieu à bureau ouvert.

Ages

Au point de vue de l'âge, au moment de l'admission, les entrées en 1926 se décomposent de la façon suivante :

Enfants de 1 jour à 1 mois	28
Id. de 1 mois à 1 an	10
Id. de 1 an à 13 ans	94
Id. de 13 à 21 ans	8
Total	140

Décès

Le tableau ci-après donne par cause et par âge la répartition des décès survenus au cours de l'année 1926 :

CAUSE DES DÉCÈS	Au-dessous de 1 an	De 1 à 2 ans	De 2 à 10 ans	De 10 à 21 ans	TOTAL
Tuberculose des poumons	»	»	1	»	1
Tuberculose des méninges	»	»	1	»	1
Bronchite aiguë	1	1	»	»	2
Affections de l'estomac	3	»	»	»	3
Diarrhée et entérite	7	1	»	»	8
Débilité congénitale	4	»	»	»	4
Autres maladies	»	»	1	»	1
Totaux	15	2	3	»	20

Si l'on rapporte le total de 20 décès à l'ensemble des pupilles ayant passé dans le Service en 1926, qui est de 753, on trouve une proportion de 2,65 % au lieu de 2,03 % en 1925 pour 736 enfants.

La situation sanitaire est bonne dans son ensemble, les

décès s'étant produits parmi les tout jeunes enfants nouvellement admis et que nous recevons dans un état de santé déplorable.

Nous n'avons eu aucun cas mortel à déplorer parmi les enfants placés au dehors, pendant une épidémie de grippe qui a sévi avec une certaine intensité dans quelques régions.

Je prie MM. les médecins inspecteurs de vouloir bien trouver ici l'expression de mes vifs remerciements pour le grand intérêt qu'ils portent à mes pupilles.

Inspection médicale des écoles

L'inspection médicale des écoles, qui fonctionne dans le département à l'entière satisfaction de tous, nous signale de façon très opportune les enfants pour lesquels des dispositions particulières doivent être prises : cure de bains salins, envoi dans des établissements spéciaux, etc.

En conformité des avis qui nous ont été ainsi transmis, nous avons fait effectuer à 4 pupilles des séjours aux Préventoriums de Palente ou Bregille, et dirigé sur l'Institut Boyer, de Dijon, une enfant qui présentait quelques signes d'anormalité [1].

2 pupilles ont été envoyés à Berck.

Répartition des pupilles au point de vue des placements

Le 31 décembre 1926, cette répartition était la suivante :

En pension	269
Placements à gages	332
Dans les dépôts	16
Présents sous les drapeaux	9
Placés dans des établissements spéciaux :	
Maison maternelle départementale	3
Sanatorium de Berck-sur-Mer	1
A reporter	630

(1) Il s'agit d'une jeune fille qui nous a été rendue dans de bonnes conditions après un séjour de huit mois.

Report..........	630
Placés dans des établissements de réforme :	
Au Refuge de Besançon	3
Détenus dans des établissements pénitentiaires :	
Colonie industrielle d'Aniane.................	1
Colonie de Frasne-le-Château.................	1
Total....................	635

Hospice dépositaire

Les frais de séjour à l'hospice dépositaire se sont élevés à 65.578 fr. 07 pour 7.718 journées de présence, se répartissant ainsi :

Malades	3.595
Valides	4.123
Total..................	7.718

Grâce à la décision prise par le Conseil général relevant les taux de pension, nous n'avons éprouvé aucune difficulté — si ce n'est celle de l'embarras du choix — dans le placement de nos jeunes pupilles.

La diminution du montant des frais de séjour à l'hospice dépositaire aurait donc été très sensible pour 1926, si les prix de journée avaient été maintenus aux tarifs de l'année précédente.

Fréquentation scolaire

Les absences à l'école ont été plus marquées que l'année dernière.

Des sanctions ont été prises à l'égard des nourriciers qui avaient employé les enfants aux travaux des champs pendant les heures de classe.

7 pupilles ont obtenu le certificat d'études primaires :

a) Garçons	4
b) Filles	3

Vêtures et chaussures

La Société Nord-Tissus, de Bauvin, assure la fourniture des layettes, vêtures et coiffures.

La marchandise livrée est de bonne qualité. Mais cette maison se signale par le retard et l'irrégularité persistants de ses livraisons.

Les chaussures ont été fournies dans de bonnes conditions par la maison Cannat, de Nîmes.

Mariages

Au cours de 1926, 3 pupilles ont contracté mariage.

D'autres se sont mariés postérieurement à leur majorité.

Tous ont reçu des dots de mariage dont le montant a varié, la Commission départementale, chargée de statuer sur leur attribution, se basant sur la conduite et le travail des candidats pendant leur minorité, et leur situation matérielle au moment de leur mariage.

Service militaire

Les conseils de révision ont examinés 15 jeunes gens. 11 ont été reconnus bons pour le service armé, 2 ont été ajournés, 1 a été réformé et 1 classé service auxiliaire.

1 engagement volontaire a été contracté.

Pupilles difficiles et vicieux
(Loi du 28 juin 1904)

Au cours de l'année 1926, il n'a été fait aucune application des dispositions de l'article 2 de ladite loi, qui prévoit la remise à l'Administration pénitentiaire de pupilles ayant donné des sujets de mécontentement très graves.

Commission de contrôle

Conformément à l'article 33 de la loi du 27 juin 1904, le Conseil général a désigné la Commission départementale pour remplir les fonctions de commission de contrôle.

Les pouvoirs de la Commission départementale doivent, d'après un avis de M. le Ministre de l'Intérieur, être renouvelés chaque année.

En conséquence, je vous prie de vouloir bien demander au Conseil général de procéder à la désignation dont il s'agit.

Commission départementale de l'Assistance publique et de la bienfaisance privée

Aux termes de l'article 15, § 1er, du décret du 28 février 1919, les pouvoirs de la Commission départementale de l'Assistance publique et de la bienfaisance privée ont une durée de quatre ans.

Font partie de cette commission : MM. le marquis de Moustier, Pierre Peugeot et Chudant, élus en leur qualité de conseillers généraux (séance du 27 mai 1924), et dont les pouvoirs expirent le 31 décembre prochain.

J'ai l'honneur de vous prier de vouloir bien demander au Conseil général de désigner les remplaçants de MM. de Moustier, P. Peugeot et Chudant.

La question de la rééligibilité n'est pas examinée dans le décret susvisé.

Conseil de famille

Le Conseil de famille a tenu six réunions en 1926. Il s'est prononcé sur 6 demandes en autorisation de mariage et sur 2 remises de pupilles.

34 comptes de tutelle lui ont été présentés et approuvés.

M. Laslandes, secrétaire, doyen d'âge, a ouvert la séance du 12 mai.

Il a évoqué, en termes émus, le souvenir du président du conseil de famille, M. Clavey, décédé peu de jours auparavant.

Rendant hommage à sa mémoire, il a rappelé la science juridique du défunt, et a souligné combien ses avis furent précieux en maintes circonstances.

Il a invité ensuite le conseil à élire son président ; le choix s'est porté sur M. Gilles, juge de paix du canton sud de Besançon.

Conseil de famille. — Remplacement d'un membre décédé

Aux termes de l'article 12 de la loi du 27 juin 1904, le tuteur des pupilles de l'Assistance publique est assisté d'un conseil de famille formé par une commission de sept membres élus par le Conseil général et renouvelée tous les quatre ans.

Ayant eu dans le courant de cette année à déplorer la perte de M. le docteur Prieur, faisant partie dudit conseil, je vous prie de vouloir bien demander au Conseil général de désigner son successeur.

Je crois savoir que Me Colère, avoué, à Besançon, accepterait de remplacer M. Prieur.

Deniers pupillaires

Le total de l'avoir au 31 décembre 1925 était de	284.078 50
Les recouvrements effectués en 1926 se sont élevés à	128.063 32
Total	412.141 82
A déduire, par suite de majorité, décès, etc	102.574 34
Total de l'avoir au 31 décembre 1926 ..	309.567 48
Il était au 31 décembre 1925, de	284.078 50
Soit une augmentation sur l'année précédente, de	25.488 98 (1)

(1) C'est là évidemment un beau résultat qui se rencontre d'ailleurs dans tous les départements, mais s'il est incontestable qu'il est la preuve du soin apporté par les inspecteurs à obtenir des gages convenables pour leurs pupilles, peut-on avancer avec certitude que l'esprit d'économie de ces derniers y est pour quelque chose ? Certainement non, et c'est là le point faible du système.

Une longue expérience me permet d'affirmer que nos pupilles soumis à une épargne forcée qui atteint parfois 40 % de leur gain net n'ont aucune notion de ce qu'est l'épargne (tout court), celle-ci incontestablement plus difficile à pratiquer que celle-là.

Or, si en toutes choses il faut considérer la fin, on peut dire que le

Nourrices sédentaires

3 femmes ont séjourné à la Maternité de Besançon au cours de l'année 1926, en qualité de nourrices sédentaires.

La dépense totale s'est élevée à 2.086 fr. 80 pour 240 journées de présence.

Les dispositions prises par la Commission administrative des Hospices de Besançon, dans sa séance du 22 juillet dernier, à la suite de mon rapport dont vous avez bien voulu adopter les conclusions [1], permettent d'affirmer que pour cette année (1927) la dépense sera notablement inférieure.

---

résultat pratique des dispositions en usage concernant cette partie de service des deniers pupillaires est presque nul.

En effet, mis à leur vingt et unième année en possession d'un petit pécule qu'ils considèrent comme inépuisable, l'immense majorité des pupilles le traitent comme tel et, en quelques semaines, le fruit de huit années « d'épargne » s'est volatilisé.

Ce résultat regrettable pourrait être évité si on laissait aux pupilles, après leur avoir toutefois imposé un minimum, le soin de constituer eux-mêmes leur épargne et de verser personnellement les économies qu'ils auraient réalisées.

Ils comprendraient l'épargne, la pratiquant directement, et ne seraient pas tentés à leur majorité de dilapider leur petit avoir.

Celui-ci serait naturellement moins élevé qu'actuellement, mais nos pupilles n'auraient eu rien à envier pendant de longues années aux jeunes gens de leur âge et ils n'auraient pas vécu en marge de leur société, comme ils sont parfois forcés de le faire.

Les règlements actuels mettent, en effet, nos pupilles dans ce qu'ils jugent être une condition d'infériorité vis-à-vis de leurs camarades, tant à la ville qu'au village.

Comprimés comme ils le sont par les exigences du contrat en ce qui regarde l'épargne, ils considèrent d'un œil d'envie les autres domestiques, ceux-ci libérés d'entraves trop étroites, et leur condition de pupilles leur paraît encore plus amère.

Il serait souhaitable que cette modeste observation retînt l'attention de l'autorité supérieure, car il ne saurait être question, pour l'inspecteur, de changer les dispositions traditionnelles en la matière.

(1) Rapport de l'Inspecteur de l'Assistance publique en 1926, p. 12 et suivantes.

Maison maternelle de Châteaufarine
(Fondation Faure)

La Maison maternelle a abrité 27 femmes en 1926. Le nombre maximum des pensionnaires qu'elle peut recevoir est 8, mais des agrandissements, qui permettront de doubler ce chiffre, sont prévus.

L'état moral ou sanitaire est resté excellent.

Statistique pour l'année 1926

Nombre de journées d'enfants avec leur mère.	1.900
— — assistés	1.475
— — pensionnaires .	1.009
Nombre de journées de femmes avant l'accouchement	23
Nombre de journées de femmes avec enfant..	1.900

M. le docteur Baigue préside avec un grand désintéressement aux destinées de cette œuvre ; il voudra bien trouver ici l'expression de ma reconnaissance pour son inlassable dévouement en faveur des petits pupilles, que je lui confie dans un état déplorable et auxquels il rend la force et la santé.

Mlle Brocard a droit à toutes les félicitations. Elle dirige la Maison maternelle avec une compétence et un tact parfaits.

Enfants secourus

Le nombre des enfants bénéficiant d'un secours temporaire au 31 décembre 1925 se répartissait ainsi :

SEXE	ÉTAT CIVIL		TOTAL
	Légitimes	Naturels	
Garçons	17	143	160
Filles	22	148	170
Totaux	39	291	330

Les admissions prononcées au cours de 1926 ont porté sur :

SEXE	ÉTAT CIVIL		TOTAL
	Légitimes	Naturels	
Garçons	3	81	84
Filles	6	92	98
Totaux	9	173	182

Pas suite de décès, suppressions ou limite d'âge, les radiations se sont élevées à :

SEXE	ÉTAT CIVIL		TOTAL
	Légitimes	Naturels	
Garçons	4	74	78
Filles	13	80	93
Totaux	17	154	171

Le nombre des restants au 31 décembre 1926 se décomposait de la façon suivante :

SEXE	ÉTAT CIVIL		TOTAL
	Légitimes	Naturels	
Garçons	16	150	166
Filles	15	160	175
Totaux	31	310	341

Le tableau récapitulatif ci-après indique le nombre des enfants ayant bénéficié des secours en 1926 :

SEXE	RESTANTS au 31 décembre 1925	ADMIS EN 1926	SORTIS EN 1926	RESTANTS au 31 décembre 1926
Garçons	160	84	78	166
Filles	170	98	93	175
Totaux	330	182	171	341
	512		512	

Le total des enfants secourus ayant passé dans le Service en 1926 est de 512.

Dépenses de l'exercice 1926

(Chapitre 7 du budget départemental)

Désignation des dépenses	Crédits votés	Sommes dépensées
§ 1er		
Dépenses à la charge de l'Etat (2/5), du département (2/5) et des communes (1/5).		
Art. 1er. — Secours temporaires. (Secours destinés à prévenir ou à faire cesser l'abandon.) — Secours de premier besoin et primes de légitimation	136.000 »	134.284 07
Art. 2. — Salaires des nourrices	18.000 »	14 853 21
Art. 3. — Pensions des pupilles confiés à des familles	190.000 »	157.108 84
Art. 4. — Primes de survie aux nourrices et aux nourriciers	500 »	»
Art. 5. — Fourniture de layettes aux pupilles	3.500 »	3.500 »
Art. 6. — Fourniture de vêtures aux pupilles âgés de moins de 13 ans	60.000 »	60.000 »
Art. 7. — Frais d'assistance médicale	14.000 »	14.000 »
Art. 8. — Frais de séjour des pupilles difficiles ou vicieux dans les écoles profes-		
A reporter	422.000 »	383.746 12

Désignation des dépenses	Crédits votés	Sommes dépensées
Report	422.000 »	383.746 12
sionnelles appartenant à d'autres départements ou dans les écoles professionnelles privées	13.000 »	1.971 »
Art. 9. — Frais de séjour des pupilles difficiles ou vicieux dans les établissements pénitentiaires	900 »	635 40
Art. 10. — Salaire des personnes préposées aux admissions dans les établissements dépositaires dépendant des hospices.	400 »	400 »
Art. 11. — Frais de séjour des enfants dans les établissements dépositaires dépendant des hospices	60.000 »	60.000 »
Art. 12. — Frais de location de l'immeuble affecté au Service des enfants assistés	1.000 »	905 90
Art. 13. — Frais de nourrices sédentaires	12.000 »	3.289 08
Art. 14. — Pensions des pupilles placés dans des établissements autres que les établissements dépositaires	35.000 »	35.000 »
Art. 15.— Allocations réglementaires ou exceptionnelles concernant les pupilles .	1.300 »	544 20
Art. 16. — Primes aux nourrices et aux nourriciers autres que les primes de survie.	500 »	320 »
Art. 17. — Fournitures scolaires	3.800 »	3.729 75
Art. 18. — Fourniture de vêtures aux pupilles âgés de plus de 13 ans	11.000 »	10.961 60
Art. 19. — Frais de déplacement des pupilles et des nourriciers ; frais relatifs à l'engagement des nourrices	3.000 »	3.000 »
Art. 20. — Registres, imprimés et signes de reconnaissance	3.500 »	3.499 35
Art. 21.— Frais d'inhumation des pupilles	500 »	450 »
Art. 22. — Frais de recouvrement et de gestion des deniers pupillaires	900 »	900 »
Art. 23. — Remboursements aux départements	2.500 »	2.500 »
Art. 24. — Frais résultant de l'exécution de jugements rendus en vertu de la loi du 24 juillet 1889, de production de pièces en vue de mariages ou émancipations de pupilles	100 »	»
Art. 25. — Création de dots de mariage en faveur de pupilles ou d'anciens pupilles des deux sexes. (Emploi du revenu des		
A reporter	571.400 »	511.452 40

Désignation des dépenses	Crédits votés	Sommes dépensées
Report	571.400 »	511.452 40
fondations constituées au profit du Service des enfants assistés sans affectation spéciale. (Chapitres 2 et 5 des recettes) .	16.000 »	11.500 »
Art. 26. — Frais résultant du recouvrement et de la réalisation des successions échéant aux pupilles	100 »	»
Art. 27. — Frais d'assurance contre l'incendie et le vol, des locaux, du mobilier du Service et des vêtures des pupilles. .	115 »	115 »
Art. 28. — Dépenses obligatoires de l'exercice et des exercices antérieurs qui n'ont pu être payées, soit par suite d'insuffisance de crédits, soit par suite de production tardive des mémoires	20.000 »	20.000 »
Totaux du § 1er.	607.615 »	543.067 40

§ 2

Dépenses à la charge exclusive du département.

Désignation des dépenses	Crédits votés	Sommes dépensées
Art. 1er. — Indemnité au personnel de l'Inspection	2.200 »	2.200 »
Art. 2. — Frais de bureau, d'affranchissements postaux, de chauffage, d'éclairage et de toutes autres dépenses du Service allouées forfaitairement à l'inspecteur du Service	2.200 »	2.200 »
Art. 3. — Indemnité au commis d'Inspection	600 »	600 »
Art. 4. — Gages du pupille attaché au bureau du Service des enfants assistés .	609 »	506 60
Art. 5. — Traitement de l'employé départemental.	6.032 66	6.032 66
Total du § 2.	11.641 66	11.539 26
Rappel du § 1er	607.615 »	543.067 40
Total du chapitre 7. . . .	619.256 66	554.606 66
Excédent de recettes . . .	64.650 »	

Une somme totale de 61.688 fr. 43 a dû être inscrite au budget supplémentaire de 1927 par suite de l'insuffisance des prévisions des articles 5, 6, 7, 12, 14, 18 et 28.

Par contre, il est intéressant de noter que sur certains

articles il a été possible de réaliser des économies dont le total est supérieur à cette somme ; il en résulte que l'excédent de dépense est en réalité de :

64.650 fr. — 61.688 fr. 43 = 2.961 fr. 57

Propositions budgétaires

Pour 1928, le budget du Service ne comporte que deux augmentations de dépenses, savoir :

Chapitre 7, article 2 ;
Chapitre 7, article 23.

Il y a lieu, en effet, de considérer l'augmentation du prix de journée qui, dans certains hospices où sont recueillis temporairement des enfants ayant leur domicile de secours dans le Doubs, atteint 28 fr. par jour.

Chapitre 7 du budget départemental

Désignation des dépenses	Crédits prévus pour 1927	Sommes demandées pour 1928
§ 1er		
Dépenses remboursées au département jusqu'à concurrence des 2/5 par l'Etat et de 1/5 par les communes.		
Art. 1er. — Secours temporaires. (Secours destinés à prévenir ou à faire cesser l'abandon. Secours de premier besoin et primes de légitimation.).	136.000 »	136.000 »
Art. 2. — Salaires des nourrices. . . .	22.000 »	22.000 »
Art. 3. — Pensions des pupilles confiés à des familles.	236.000 »	236.000 »
Art. 4. — Primes de survie aux nourrices et aux nourriciers	500 »	500 »
Art. 5. — Fourniture de layettes aux pupilles	(1) 4.500 »	4.500 »
Art. 6. — Fourniture de vêtures aux pupilles âgés de moins de 13 ans.	(2) 82.000 »	82.000 »
Art. 7. — Frais d'assistance médicale .	(3) 27.800 »	27.800 »
Art. 8. — Frais de séjour des pupilles		
A reporter.	508.800 »	508.800 »

(1) Crédit porté à ce chiffre lors du vote du budget supplémentaire.
(2) Id.
(3) Id. pour permettre l'application des nouveaux tarifs des visites médicales votés par le Conseil général.

Désignation des dépenses	Crédits prévus pour 1927	Sommes demandées pour 1928
Report	508.800 »	508.800 »
difficiles ou vicieux dans les écoles professionnelles appartenant à d'autres départements ou dans les écoles professionnelles privées.	13.000 »	13.000 »
Art. 9. — Frais de séjour des pupilles difficiles ou vicieux dans les établissements pénitentiaires	900 »	900 »
Art. 10. — Salaire des personnes préposées aux admissions dans les établissements dépositaires dépendant des hospices	400 »	400 »
Art. 11. — Frais de séjour des enfants dans les établissements dépositaires dépendant des hospices (1)	60.000 »	72.000 »
Art. 12. — Frais de location de l'immeuble affecté au Service des enfants assistés	3.500 »	3.500 »
Art. 13. — Frais de nourrices sédentaires	8.000 »	8.000 »
Art. 14. — Pensions des pupilles placés dans des établissements autres que les établissements dépositaires.	(1) 45.000 »	45.000 »
Art. 15. — Allocations réglementaires ou exceptionnelles concernant les pupilles .	1.300 »	1.300 »
Art. 16. — Primes aux nourrices et aux nourriciers autres que les primes de survie.	500 »	500 »
Art. 17. — Fournitures scolaires	3.800 »	3.800 »
Art. 18. — Fournitures de vêtures aux pupilles âgés de plus de 13 ans.	(2) 13.500 »	13.500 »
Art. 19. — Frais de déplacement des pupilles et des nourriciers ; frais relatifs à l'engagement des nourrices	3.000 »	3.000 »
Art. 20. — Registres, imprimés et signes de reconnaissance	3.500 »	3.500 »
Art. 21. — Frais d'inhumation des pupilles	500 »	500 »
Art. 22. — Frais de recouvrement et de gestion des deniers pupillaires.	900 »	900 »
Art. 23. — Remboursements aux départements dans lesquels sont maintenus des pupilles originaires du Doubs	2.500 »	5.000 »
A reporter.	666.600 »	683.600 »

(1) Crédit élevé à ce chiffre lors du vote du budget supplémentaire.
(2) Id.

Désignation des dépenses	Crédits prévus pour 1927	Sommes demandées pour 1928
Report	666.600 »	683.600 »
Art. 24. — Frais résultant de l'exécution de jugements rendus en vertu de la loi du 24 juillet 1889, de production de pièces en vue de mariages ou émancipations de pupilles	100 »	100 »
Art. 25. — Création de dots de mariage en faveur de pupilles ou d'anciens pupilles des deux sexes. (Emploi du revenu des fondations constituées au profit du Service des enfants assistés, sans affectation spéciale. Chapitres 2 et 5 des recettes). .	61.582 75	16.000 »
Art. 26. — Frais résultant du recouvrement et de la réalisation des successions échéant aux pupilles	100 »	100 »
Art. 27. — Frais d'assurance contre l'incendie et le vol, des locaux, du mobilier du Service et des vêtures des pupilles . .	115 »	115 »
Art. 28. — Dépenses obligatoires de l'exercice et des exercices antérieurs qui n'ont pu être payées, soit par suite d'insuffisance de crédits, soit par suite de production tardive des mémoires (1). . .	(1) 51.388 43	51.000 »
Total du § 1er.	782.386 18	750.915 »

§ 2

Dépenses restant à la charge définitive du département

Désignation des dépenses	Crédits prévus pour 1927	Sommes demandées pour 1928
Art. 1er. — Indemnité au personnel de l'Inspection	3.000 »	3.000 »
Art. 2. — Frais de bureau, d'affranchissements postaux, menues dépenses. . .	2.200 »	1.000 »
Art. 3. — Indemnité au commis d'Inspection	1.000 »	1.000 »
Total du § 2.	6.200 »	5.000 »
Rappel du § 1er	782.386 18	750.915 »
Total du chapitre 7, §§ 1 et 2.	787.386 18	755.915 »

(1) Crédit porté à ce chiffre lors du vote du budget supplémentaire.

L'Inspecteur de l'Assistance publique,

SEREY.

PROTECTION DES ENFANTS DU PREMIER AGE

RAPPORT

de l'Inspecteur de l'Assistance publique

Monsieur le Préfet,

Conformément à l'article 16 du décret du 27 février 1877, portant règlement d'administration publique pour l'exécution de la loi du 23 décembre 1874, j'ai l'honneur de vous présenter mon rapport sur le fonctionnement du Service de la protection des enfants du premier âge pendant l'année 1926.

Suivant les instructions ministérielles du 8 juin 1907, ce rapport comporte les divisions suivantes :

Mouvement de la population. — Origine des nourrissons. — Etat civil des enfants. — Mode d'élevage. — Mortalité. — Inspection médicale : rapports des médecins inspecteurs. — Rapports des maires. — Comité départemental. — Consultations de nourrissons. — Budget.

Mouvement de la population

Enfants protégés existants au 1er janvier 1926	160	
Placements effectués en cours d'année....	124	
Total........................	284	284
A reporter..........		284

Report		284
Sortis du Service :		
1° Par retrait	35	
2° Par décès	4	
3° Par limite d'âge	65	
Total	104	104
Restants au 31 décembre 1926		180

Au 31 décembre 1925, le nombre des restants était de 160.

Origine des nourrissons

Au point de vue des origines, les enfants ayant bénéficié de la loi de protection en 1926 appartenaient aux départements suivants :

Côte-d'Or	5
Yonne	1
Territoire de Belfort	3
Seine	19
Nord	1
Haute-Saône	2
Jura	1
Haut-Rhin	3
Corrèze	1
Puy-de-Dôme	1
Total	37

Etat civil des enfants

Les enfants ayant passé dans le Service sont répartis ainsi qu'il suit :

1° Quant à l'état civil :

Légitimes	168
Naturels	116
Total	284

2° Quant au sexe :

Garçons	156
Filles	128
Total	284

Mode d'élevage des enfants

Nombre d'enfants élevés :

Au sein	1
Au biberon	253
Allaitement mixte	3
Enfants sevrés	27
Total	284

Mortalité

Le nombre des décès a été de 4, ce qui, sur le chiffre global de 284 enfants passés dans le Service, donne une proportions de 1,40 %. Ces décès se répartissent ainsi au point de vue pathologique :

Athrepsie	2
Diarrhée	1
Convulsions	1
Total	4

Je crois devoir signaler l'excellence des résultats obtenus à la Maternité de Besançon et aux Crèches, par l'emploi du yogourth.

Un de nos dévoués médecins inspecteurs s'est fait l'apôtre de la propagation du procédé et, très justement, en souhaite la vulgarisation.

Je ne crois pas mieux faire que de laisser ici place à une notice obligeamment communiquée par la Maternité de Besançon :

« L'allaitement artificiel est celui qui est le plus difficile à conduire pour maintenir en bonne santé l'enfant né de parents bien portants, bien portant lui-même, mais malheureusement sevré trop tôt quelquefois, soit parce que la maman n'a pas assez de lait, soit parce qu'elle doit s'en séparer pour de multiples raisons. Différents laits sont préconisés pour arriver à de bons résultats : le plus couramment employé est le lait de vache, qui demande une stérilisation sûre pour n'être pas dangereux ; le lait de chèvre, qui donne une sûreté au point de vue de la tuberculose (la chèvre étant réfractaire à cette maladie), mais qui est plus indigeste que le lait de vache, étant beaucoup plus riche en caséine ; les laits condensés du commerce, stérilisés et conservés en boîte (lait Mont-Blanc, marque française, lait Nestlé, etc.). Le lait de vache est le plus facile à se procurer, restons-en à son emploi, soit stérilisé, soit donné à l'enfant sous l'aspect de lait caillé bulgare ou *yogourth*.

» Le yogourth est un lait bouilli, caillé et aigri, modifié par l'action d'un bacille vivant, la maya bulgare, qui, mis en culture dans le tube digestif de l'enfant, empêche toute fermentation putride. Il convient donc à tous les enfants, depuis la naissance jusqu'au sevrage. Il peut être employé en toute saison, mais c'est particulièrement chez les enfants *atteints d'entérite* et *surtout en été*, pendant les périodes de chaleur si funestes aux nourrissons, que son emploi est spécialement recommandé.

» L'expérience en a été faite depuis plusieurs années à la Maternité de Besançon, où la plupart des enfants débiles et des enfants nourris au biberon le reçoivent, une moyenne de 10 à 12 enfants par jour ; à la Maison maternelle de Châteaufarine, dans les Crèches, où on ne peut qu'en constater les bons résultats chez les enfants qui ont été alimentés de cette façon : enfants ayant de belles selles, homogènes, non fétides, enfants présentant une augmentation de poids régulière malgré une ration journalière quelquefois légère.

» Mais il faut bien se dire que le yogourth n'est vraiment le *bon aliment* des petits que s'il est préparé avec un lait de provenance sûre, avec un lait *propre* et *frais*.

» Le ferment bulgare ne fait pas disparaître les malpropretés du lait, et s'il est déposé dans un lait où les microbes pullulent, il donne un yogourth aussi dangereux que peut l'être le lait non stérilisé.

» Il faut donc avant tout se procurer un lait de vaches saines, vivant dans une étable bien aérée, proprement tenue, où la traite se fait dans de bonnes conditions d'hygiène.

» Comment se prépare le yogourth ?

» Toute maman un peu habile et propre peut préparer chez elle son yogourth.

» On fait bouillir le lait 5 à 10 minutes; on le verse dans un récipient où on le laisse refroidir. Quand il est tiède, on y dépose le ferment (que l'on peut se procurer assez facilement dans les établissements qui en préparent, Goutte de lait à la Maternité, par exemple) ; on couvre le récipient et on le laisse ainsi pendant 24 heures dans une chambre chaude. En été la préparation est facile, la température étant élevée partout. Le lendemain, le lait est caillé, on le passe à travers une fine passoire qu'on agite doucement, afin de ne pas désagréger les petits grains de ferment, et il ne reste dans la passoire que le ferment qui, une fois lavé sous un filet d'eau tiède, peut servir à faire une nouvelle préparation. Le yogourth doit être légèrement acide ; on le donne à l'enfant froid, même en hiver, et légèrement sucré. »

» Les résultats de son emploi, nous l'avons dit, sont satisfaisants. Nous répétons cependant que cette préparation du lait ne donne pas la sécurité que donne la stérilisation, au point de vue des entérites et diarrhées.

» Nous avons eu, à la Maternité, des accidents, qui n'ont d'ailleurs jamais été mortels. Deux fois, nous avons eu, groupés sous forme épidémique, un certain nombre de cas simultanés d'entérite. C'était que le yogourth était préparé avec un lait qui se trouvait malheureusement très sale : la filtration de ce lait, sur un filtre de gaze de plusieurs épaisseurs, laissait une boue verdâtre, qui était de la matière fécale bovine nettement caractérisée.

» Enfin dernièrement, à plusieurs reprises, un nourrisson de quatre mois à présenté, chaque fois qu'il reprenait le yogourth, des selles vertes diarrhéiques avec coliques. C'est que le yogourth, à ce moment, s'est trouvé être préparé par un personnel nouveau avec du lait trait l'avant-veille et bouilli la veille. »

Une copie de cette notice sera insérée à titre documentaire dans tous les carnets de nourrices délivrés par l'Inspection. En ce qui concerne les enfants élevés dans leurs familles, la propagande en faveur de l'emploi du yogourth est peut-être plus difficile, la situation n'étant pas la même. En effet, et tant que la loi de 1874 ne sera pas modifiée, la surveillance administrative ne s'exerce pas au domicile des parents. Ceux-ci ne peuvent être renseignés que par le médecin de leur choix.

Consultations de nourrissons

Après une période indécise au début, on peut dire que les consultations de nourrissons ne connaissent plus de défaillances.

MM. les médecins inspecteurs constatent la bonne volonté des mères ou nourrices, mais il serait contraire à la vérité de dire qu'ils n'ont pas eu à lutter contre l'indifférence, l'hostilité même de certaines éleveuses.

Les consultations fonctionnent dans les communes ci-après :

Besançon, Baume-les-Dames, Beure, Hérimoncourt, L'Isle-sur-le-Doubs, Lac-ou-Villers, Maîche, Montbéliard, Mandeure, Pont-de-Roide, Quingey, Seloncourt, Valentigney, Vercel, Voujeaucourt, Vuillafans.

D'autres vont être créées.

Il serait prématuré d'exposer cette année le résultat des consultations de nourrissons.

Elles sont de création trop récente dans le Doubs (2 ans à peine), mais je pense pouvoir dans mon rapport de 1927 faire figurer quelques renseignements statistiques et répondre ainsi au désir exprimé par M. le Rapporteur de la Commission de l'hygiène de l'enfance, de l'Académie de Médecine.

Inspection médicale et rapports de MM. les maires

La documentation fournie par les rapports de MM. les médecins inspecteurs et MM. les maires est suffisamment complète. Elle permet d'être optimiste quant aux résultats obtenus. Il semble d'autre part que les multiples observations formulées au cours des tournées ne sont pas restées inutiles en ce qui concerne surtout l'application des articles 8 (paragraphe 1er) et 9, de la loi du 23 décembre 1874.

M. le docteur Coillot regrette très justement le placement prématuré en nourrice: « On ne devrait confier aux nourrices que des enfants âgés d'au moins 15 jours à 3 semaines. »

Il est évident que le placement dès la naissance conduit à des résultats déplorables, mais c'est là, heureusement, un procédé peu fréquemment employé.

En ce qui nous concerne, nous conservons au moins trois mois (parfois jusqu'à sept) nos petits pupilles, avant de les placer en nourrice, mais il faut tenir compte que dans certaines familles le besoin pour la mère nouvellement accouchée de reprendre un travail rémunérateur explique ces placements prématurés, et toutes les meilleures exhortations se heurteront à des décisions que seules commandent d'impérieuses nécessités.

Une courte note du docteur Mathey, de Baume, vaut un long plaidoyer en faveur des nourrices mercenaires trop souvent décriées. Grâce au dévouement de l'une d'elles, deux enfants qui lui ont été confiés, dans un état de santé lamentable, vont beaucoup mieux et toute crainte d'accident fâcheux doit être absolument écartée.

Comité départemental

Séance du 15 mars 1927

Le mardi 15 mars, à 15 heures, le Comité départemental de la protection des enfants du premier âge s'est réuni à la préfecture sur la convocation de M. le Préfet.

Etaient présents : M. Reymonenq, secrétaire général de la préfecture, remplaçant M. le Préfet empêché ; M. Viatte, conseiller général ; M. le docteur Baigue ; Mlle Roland ; M. le docteur Brunschwig ; M. Serey, inspecteur de l'Assistance publique.

Conformément aux dispositions de l'article 18 du décret du 27 février 1877, M. le Secrétaire général invite le Comité à élire ses président et secrétaire et il pense que la présidence pourrait revenir cette année à M. Viatte, qui n'a pas hésité à s'imposer un long voyage pour assister à la réunion, les fonctions de secrétaire étant assurées par M. l'Inspecteur de l'Assistance publique.

Il en est ainsi décidé à l'unanimité et M. Viatte, après quelques paroles aimables de remerciements, excuse MM. Michel et Billard, Mmes Lefranc et Grosjean.

Il donne la parole à M. l'Inspecteur de l'Assistance publique pour la lecture du procès-verbal de la précédente séance, qui est adopté sans observations.

Comme suite à l'intervention du Comité dans la question des chambres d'allaitement, M. le docteur Baigue demande s'il ne serait pas possible de trouver, dans le voisinage immédiat des usines qui n'ont pas pu, pour des raisons diverses, installer des chambres d'allaitement, une femme de bonne volonté, propre et de parfaite moralité, possédant un logement convenable et spacieux, qui accepterait, moyennant une petite rétribution versée par les industriels (rétribution qui serait loin d'égaler le coût d'une installation de chambre d'allaitement), de garder pendant la journée les enfants élevés au sein par les mères travaillant à l'usine.

Cette disposition permettrait de continuer l'allaitement maternel et éviterait aux intéressées, parfois, le long parcours auquel elles sont obligées quand elles se rendent près de leurs enfants.

Cette suggestion est retenue par le Comité qui en saisira M. l'Inspecteur du travail, chargé de l'application du règlement d'administration publique du 11 mars 1926 sur les chambres d'allaitement. Avant la clôture de la discussion, l'inspecteur fait remarquer que les enfants éventuellement gardés dans ces conditions seront d'ailleurs l'objet de la surveillance médicale instituée par la loi de 1874.

L'inspecteur donne ensuite le compte rendu des subventions accordées par le Ministre aux œuvres de puériculture, ce sont :

Crèche Rosalie Morel, à Montbéliard......	2.000	»
Crèche Bersot, à Besançon...............	6.000	»
Œuvre du berceau.....................	220	»
Consultation de nourrissons de Valentigney	360	»
Consultation de nourrissons de Voujeaucourt	310	»
Providence des enfants, à La Tour-de-Sçay.	800	»
Œuvre des petits filleuls, à Besançon......	400	»
Maison maternelle départementale........	3.850	»
Société de protection des nourrissons, à Besançon	1.760	»

Le Conseil a la satisfaction de constater que pour certaines d'entre elles, les subventions accordées ont dépassé les prévisions et décide en conséquence que, pour cette année, les propositions ne seront accompagnées d'aucune indication quant au montant éventuel de ces subventions, qu'il espère pour le moins égales à celle de cette année.

Le Comité passe ensuite à l'examen des œuvres qui se sont mises en instance pour participer aux subventions de l'Etat pour 1927. Ce sont :

La Crèche Rosalie Morel,
L'Œuvre des crèches, à Besançon,
La Société de protection du nourrisson,
L'Œuvre du berceau, à Besançon,
L'Œuvre des petits filleuls, à Besançon,
La Maison maternelle départementale,
La Goutte de lait, à Besançon,
Le Secours de l'enfance, à Besançon,
La Consultation de nourrissons de Valentigney,
La Consultation de nourrissons de Voujeaucourt,

pour lesquels il émet un avis favorable.

Le Comité accueille avec intérêt deux œuvres qui sollicitent pour la première fois la subvention de l'Etat : « la Goutte de lait » et « le Secours de l'enfance ». En ce qui concerne la première, annexée à la consultation de nourrissons, le Comité reçoit les explications complémentaires du docteur Baigue, qui résume en outre le rapport documenté et témoignant des efforts de cette œuvre présentée par le docteur Bernard, directeur du Bureau d'hygiène municipal.

Non moins intéressant est le « Secours de l'enfance », qui apporte une aide matérielle et morale aux familles visitées par les infirmières municipales. Le champ d'action de ces deux œuvres se trouverait limité malgré toutes les bonnes volontés qui s'emploient inlassablement, si l'appui des pouvoirs publics ne lui était pas assuré pour l'avenir. Un avis très favorable est donc donné à leurs demandes de subventions.

En ce qui concerne l'Œuvre de la providence des enfants, le Comité donne, en principe, un avis favorable, mais subordonné aux conclusions de M. le docteur Maréchal, directeur départemental d'hygiène, chargé par M. le Préfet du Doubs d'effectuer une visite particulière à l'œuvre en question [1].

Le Conseil examine ensuite les propositions de récompenses pécuniaires dont certaines nourrices sont l'objet de la part des médecins inspecteurs, sur le crédit de 250 fr. mis à leur disposition. Cette somme répartie entre un trop grand nombre de nourrices perdrait de sa signification et, en conséquence, il propose d'accorder : 100 fr. à Mme Moroge, de Cléron, dont l'excellence des soins est signalée par le médecin inspecteur ; — 100 fr. à Mme Bon, d'Eternoz, pour les mêmes motifs, avec cette circonstance particulière que cette éleveuse a maintenu son dévouement à l'égard de nourrissons dont les familles ne lui ont pas payé ses mensualités (il lui est dû plus de 1.000 fr.) ; — 50 fr. à Mme veuve Borne, de Guyans-Vennes, qui, malgré son âge et son peu de ressources, n'a jamais rien ménagé qui soit utile à ses nourrissons.

Mmes Coulot, à Mamirolle ; Pidoux, à Etalans ; Huot, à

---

(1) Quelques jours après la réunion du Comité, M. le docteur Maréchal et M. Sérey ont effectué une visite à La Tour-de-Sçay. Leurs impressions ont été des plus favorables. Le rapport de cette visite, rédigé par M. le docteur Maréchal, est déposé dans le dossier de la « Providence des enfants ».

Recologne ; Longpré, à Charbonnières, sont signalées également comme très méritantes.

Le Comité décide qu'une lettre de félicitations sera envoyée à la première, déjà récompensée l'année dernière. En ce qui concerne les autres, le crédit sur le chapitre 8 étant épuisé, l'inspecteur offre de leur assurer une prime de 50 fr. sur les disponibilités de son budget des enfants assistés, d'autant plus qu'il s'agit de nourrices élevant des pupilles de l'Assistance publique. Cette proposition reçoit l'assentiment général.

L'inspecteur renseigne le Comité sur les consultations de nourrissons qu'il a réussi à installer dans différents centres, grâce à l'appui du Conseil général.

Ces consultations, au nombre de 13, sont bien suivies et le service assuré avec dévouement par le personnel médical et des aides, bénévoles ou non.

Il est heureux d'annoncer que deux communes se sont décidées à suivre l'exemple de leurs devancières.

L'inspecteur donne un aperçu rapide de son rapport sur le fonctionnement du Service de la protection du premier âge, en 1926, dans le département, où l'industrie nourricière est peu importante. Revenant sur son idée d'adresser une circulaire à MM. les maires pour leur rappeler les obligations de la loi de 1874 et envisageant le peu de succès d'une circulaire, il estime préférables quelques minutes de causerie avec MM. les maires ou secrétaires de mairies, au cours de ses tournées habituelles.

L'inspecteur donne ensuite lecture d'une note de M. le docteur Piquard relative à la vulgarisation de l'emploi du yogourth. A la demande de M. le Secrétaire général, M. le docteur Baigue rédigera un compte rendu des résultats satisfaisants obtenus à la Maternité, où ce mode d'alimentation est employé.

Copie de cette notre sera adressée à MM. les médecins inspecteurs.

L'ordre du jour étant épuisé, la séance est levée à 16 h.30.

Le président,
VIATTE.

Le secrétaire,
SEREY.

Comité départemental de la protection des enfants du premier âge

Conformément aux dispositions de l'article 17 du règlement d'administration publique du 27 février 1877, le Comité départemental de la protection du premier âge, prévu à l'article 2 de la loi du 23 décembre 1874, doit être renouvelé tous les trois ans.

Deux membres du Conseil général faisant partie du Comité sont à désigner par ce Conseil.

Les pouvoirs de MM. Michel et Viatte expirant le 31 décembre 1927, je vous prie de vouloir bien demander au Conseil général de procéder à une nouvelle désignation.

Les membres sortants sont rééligibles.

Budget

Propositions pour l'exercice 1928

Nos des Articles	NATURE DES DÉPENSES	CRÉDITS votés pour 1927	CRÉDITS demandés pour 1928
1	Frais de surveillance médicale.	22.000 »	22.000 »
2	Indemnités aux secrétaires de mairie. .	200 »	200 »
3	Frais de registres et imprimés.	600 »	600 »
4	Indemnité de contrôle de l'inspecteur et de la sous-inspectrice de l'Assistance publique.	3.600 »	3.600 »
5	Récompenses aux nourrices	250 »	250 »
6	Remboursements aux départements d'origine, autres que le Doubs . . .	150 »	150 »
7	Indemnité à M. Gutzwiller, ex-rédacteur à la préfecture, actuellement commis de l'Assistance publique, pour participation aux travaux de la Protection des enfants du premier âge	400 »	400 »
8	Dépenses obligatoires de l'exercice courant et des exercices antérieurs qui n'ont pu être payées soit par suite d'insuffisance de crédits, soit par suite de production tardive de mémoires.	4.000 »	4.000 »
9	Consultations de nourrissons	16.000 »	16.000 »
	Totaux	47.200 »	47.200 »

L'Inspecteur de l'Assistance publique,

SEREY.

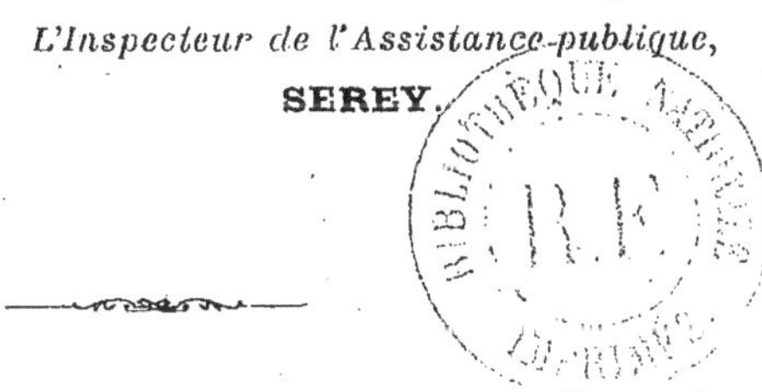

Besançon, imprimerie Millot frères

www.ingramcontent.com/pod-product-compliance
Ingram Content Group UK Ltd.
Pitfield, Milton Keynes, MK11 3LW, UK
UKHW022001260726
13994UKWH00004B/1881